응쌤
중국어

- 慢慢汉语 -

박응석 저

CHINESE

박영사

응쌤
중국어

慢慢汉语

你好!

최근에는 제가 더 이상 중국어의 중요성을 강조하거나 중국어를 배우라고 말할 필요가 없어졌습니다. 오히려 주변 사람들이 저에게 먼저 중국어를 어떤 방식으로 공부하는 것이 좋을지 묻습니다. 각자 중국어를 배우는 목적과 학습 성향이 다르기 때문에 저의 대답은 묻는 사람의 수에 비례하는 것 같습니다. 보통 실패한 사람들의 공통점은 찾기 쉬워도 성공한 사람들의 공통점은 찾기 어렵습니다. 성공한 사람들은 각자 자신의 길을 꾸준히 걸어왔을 뿐이니까요. 성공적인 외국어 학습도 마찬가지입니다. 우선 학습자가 자신의 성향에 맞는 책을 만나 기분 좋게 끝까지 읽고 실제로 사용해 보는 것이 가장 좋은 시작이라고 생각합니다.

10년이 넘게 다양한 교재로 중국어 강의를 하면서 느낀 점은 교재에도 다이어트가 필요하다는 것이었습니다. 쓰지 않는 표현들, 풀지 않는 연습문제들은 학습 부담만 가져오니까요. 그래서 본 교재는 연습문제는 과감히 생략하고, 교재의 회화문을 만들 때 학부에 있는 중국유학생 제자들의 도움을 받아 짧고 실용적인 문장만 실었습니다. 그래도 교재가 주는 딱딱함을 완전히 지우지는 못했습니다. 교재라면 어떤 상황에서도 제약받지 않고

사용할 수 있는 문장을 제공할 책임이 있다고 생각했기 때문입니다. 중국 친구와 사적인 자리에서 쓰고 싶은 다양한 표현들은 YOUTUBE의 각종 중국어 강의를 통해 보충하시면 될 것 같습니다. 각 매체마다의 장점이 있으니까요.

중국어 공부를 시작하면 곧 배우실 **学习**(학습)이란 단어는 '배울 학'과 '익힐 습'으로 이루어져 있습니다. 어학이야말로 배우고 나서 충분히 익힐 시간이 필요합니다. 배운 것들이 입에서 편히 나올 때까지 반복하시길 바랍니다. 재미있어서 잘하기도 하지만 잘해서 재미를 느끼기도 합니다. 어떤 경우건 본 교재가 흥미와 실력을 모두 드릴 수 있기를 바랍니다.

본 교재의 본문 내용을 검토하고 녹음에 참여해 준 다음 여섯 명의 중국인 제자에게 감사한 마음을 전합니다.
金卓辉, 滕兴江, 刘毅, 刘雨函, 倪梦圆, 田心

GLOBAL ELITE **学部**

石松 朴应晢

교재 사용법

본 교재를 다음과 같이 사용하실 것을 추천합니다.

1 단어

처음에는 한어병음을 보고 정확히 읽다가
나중에는 한자만 보고 읽기.

2 회화

낭독을 머리에 의미가 떠오를 때까지 반복하기.

3 패턴연습

한 가지 문형으로 다양한 표현을 사용하는 방식
익히기.

4 낭독하기

문법에서 벗어나 성조를 통해 중국어만의
읽는 맛을 느끼기.

5 한중통역

회화의 한국어 번역문을 보고 바로 중국어로
나오는지 체크하기.

* 회화문을 충분히 낭독 후 시도하세요. 그래야
자신감도 생기고 발음이 망가지지 않습니다.

6 주제별 어휘

지금까지 익힌 문형에 넣기만 하면 사용할
수 있는 실전어휘 암기하기.

⑦ 원어민 회화 녹음 MP3 파일

〈회화 녹음〉은 또박또박 한 번 들려주고, 실제 중국인들의 회화 속도로 한 번 들려줍니다. 〈낭독〉은 남자 목소리로 한 번, 여자 목소리로 한 번 들려줍니다. 다양한 느낌의 녹음을 편한 마음으로 자주 흘려서라도 듣고, 가끔은 집중해서 의미를 살피며 들어주세요.

www.pybook.co.kr에 들어가시면 원어민 회화 녹음 MP3를 무료로 다운받으실 수 있습니다.

차례

你好! · 4

교재 사용법 · 6

오리엔테이션 · 10

보통화 = 중국의 표준어

중국은 영토가 넓은 만큼 56개 민족이 모여 살아 다양한 언어가
존재합니다. 그 많은 민족 중 한족(汉族)이 인구의 90%이상을
차지하므로 우리는 보통 중국인들과 소통하기 위해 '한어(汉语)'
를 배우게 됩니다.

표기법

중국은 1960년대 공산당의 주도로 중국 인민들이 복잡한 한자
를 빠르고 편하게 사용하도록 한자(汉字)를 간략하게 만들었습
니다. 이를 간체자(简体字)라고 합니다. 하지만 그 시기에 중국
대륙의 영향을 받지 않았던 홍콩, 마카오, 대만은 여전히 우리나
라처럼 원래의 필획을 그대로 가지고 있는 번체자(繁体字)를 사
용합니다.

中國
번체자

中国
간체자

음절구조

중국어에는 일반적으로 한 개의 한자에 한 개의 음절이 존재합니다. 중국어의 음절은 성모, 운모, 성조로 이루어져 있습니다.

好

h ǎo

성조

성모운모

1과

중국어 기초 다지기 1

성모와 운모

성모(声母)란 중국어 음절의 첫 부분에 나오는 자음을 말합니다.
운모와 결합하여 음절을 구성합니다.

⭐ 성모 MP3 1-1

성모

b　　p　　m

윗입술과 아랫입술을 살짝 붙였다 떼면서 내는 소리

f

윗니로 아랫입술을 부딪쳐 내는 소리

d　　t　　n　　l

혀의 끝을 윗니 뒤쪽에 붙였다 떼면서 내는 소리

g　　k　　h

혀뿌리에서 목구멍을 막았다 떼면서 내는 소리

j　　q　　x

혀를 평평하게 바닥에 대고 내는 소리

z　　c　　s

혀끝을 앞니 뒤쪽에 붙였다 떼면서 내는 소리

zh　　ch　　sh　　r

혀끝을 입천장 쪽으로 말아 올리고 공기를 내보내며 내는 소리

운모

운모(韻)란 중국어 음절에서 성모를 제외한 나머지 부분을 말합니다.

단운모　a o e i u ü

⭐ 단운모 MP3 1-2

성조

중국어에는 네 개의 성조가 있습니다. 각 성조는 중국어 음절에서 음의 높낮이를 나타냅니다.

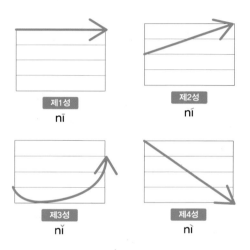

한어병음표 1

⭐ MP3 1-3

	a	o	e	i	u	ü
b	ba	bo		bi	bu	
p	pa	po		pi	pu	
m	ma	mo		mi	mu	
f	fa	fo			fu	
d	da		de	di	du	
t	ta		te	ti	tu	
n	na		ne	ni	nu	nü
l	la		le	li	lu	lü
g	ga		ge		gu	
k	ka		ke		ku	
h	ha		he		hu	
j				ji		ju
q				qi		qu
x				xi		xu
z	za		ze	zi	zu	
c	ca		ce	ci	cu	
s	sa		se	si	su	
zh	zha		zhe	zhi	zhu	
ch	cha		che	chi	chu	
sh	sha		she	shi	shu	
r			re	ri	ru	

⭐ MP3 1-4

bā bō bī bū

ná né ní nǚ

zě zhě cě chě

shà shè shì shù

⭐ MP3 1-5

qī cī chī

jí zí zhí

xǐ sǐ shǐ

jù qù xù

⭐ MP3 1-6

0	1	2	3	4	5	6	7	8	9	10
líng	yī	èr	sān	sì	wǔ	liù	qī	bā	jiǔ	shí
零	一	二	三	四	五	六	七	八	九	十

전화번호 말해 보기

숫자 1(yī)는 숫자 7(qī)과 발음이 유사하기 때문에 전화번호,
방 호수, 주소 등에서는 숫자 1(yī)을 작다는 뜻의 幺(yāo)로 바
꾸어 발음합니다.

따라서, 전화번호 맨 앞자리가 '010'이라면 "língyāolíng"으로
말하면 됩니다.

⭐ MP3 1-7

만날 때

你好! Nǐ hǎo!

你好! Nǐ hǎo!

헤어질 때

再见! Zài jiàn

再见! Zài jiàn

감사인사

谢谢! Xièxie!

不客气。Bú kèqi.

사과하기

对不起。Duìbuqǐ.

没关系。Méi guānxi.

한중통역

만날 때

🙂 안녕!

🙂 안녕!

헤어질 때

🙂 안녕!

🙂 안녕!

감사인사

🙂 감사합니다.

🙂 별말씀을요.

사과하기

🙂 미안해요.

🙂 괜찮습니다.

2과

중국어 기초 다지기 2

 **발음**

복운모

⭐ MP3 2-1

a	ai ao			
o	ou			
e	ei			
i (yi)	ia (ya)	ie (ye)	iao (yao)	iou (you)
u (wu)	ua (wa)	uo (wo)	uai (wai)	uei (wei)
ü (yu)	üe (yue)			

* 성모가 없을 때는 괄호 안의 표기를 사용합니다.

비운모

⭐ MP3 2-2

a	an ang			
o	ong			
e	en eng			
i (yi)	ian (yan)	in (yin)	iang (yang)	ing (ying)	iong (yong)
u (wu)	uan (wan)	uen (wen)	uang (wang)	ueng (weng)
ü (yu)	üan (yuan)	ün (yun)		

한어병음표 2

⭐ MP3 2-3

	ai	ao	ou	ei	ia	ie	iao	iou	ua	uo	uai	uei	üe
b	bai	bao		bei		bie	biao						
p	pai	pao	pou	pei		pie	piao						
m	mai	mao	mou	mei		mie	miao	miu					
f			fou	fei									
d	dai	dao	dou	dei	dia	die	diao	diu		duo		dui	
t	tai	tao	tou	tei		tie	tiao			tuo		tui	
n	nai	nao	nou	nei		nie	niao	niu		nuo			nüe
l	lai	lao	lou	lei	lia	lie	liao	liu		luo			lüe
g	gai	gao	gou	gei					gua	guo	guai	gui	
k	kai	kao	kou	kei					kua	kuo	kuai	kui	
h	hai	hao	hou	hei					hua	huo	huai	hui	
j					jia	jie	jiao	jiu					jue
q					qia	qie	qiao	qiu					que
x					xia	xie	xiao	xiu					xue
z	zai	zao	zou	zei						zuo		zui	
c	cai	cao	cou	cei						cuo		cui	
s	sai	sao	sou							suo		sui	
zh	zhai	zhao	zhou	zhei					zhua	zhuo	zhuai	zhui	
ch	chai	chao	chou						chua	chuo	chuai	chui	
shi	shai	shao	shou	shei					shua	shuo	shuai	shui	
r		rao	rou						rua	ruo		rui	

MP3 2-4

	an	ang	ong	en	eng	ian	in	iang	ing	iong	uan	uen	uang	ueng	üan	ün
b	ban	bang		ben	beng	bian	bin		bing							
p	pan	pang		pen	peng	pian	pin		ping							
m	man	mang		men	meng	mian	min		ming							
f	fan	fang		fen	feng											
d	dan	dang	dong	den	deng	dian			ding		duan	dun				
t	tan	tang	tong		teng	tian			ting		tuan	tun				
n	nan	nang	nong	nen	neng	nian	nin	niang	ning		nuan	nun				
l	lan	lang	long		leng	lian	lin	liang	ling		luan	lun				
g	gan	gang	gong	gen	geng						guan	gun	guang			
k	kan	kang	kong	ken	keng						kuan	kun	kuang			
h	han	hang	hong	hen	heng						huan	hun	huang			
j						jian	jin	jiang	jing	jiong					juan	jun
q						qian	qin	qiang	qing	qiong					quan	qun
x						xian	xin	xiang	xing	xiong					xuan	xun
z	zan	zang	zong	zen	zeng						zuan	zun				
c	can	cang	cong	cen	ceng						cuan	cun				
s	san	sang	song	sen	seng						suan	sun				
zh	zhan	zhang	zhong	zhen	zheng						zhuan	zhun	zhuang			
ch	chan	chang	chong	chen	cheng						chuan	chun	chuang			
shi	shan	shang		shen	sheng						shuan	shun	shuang			
r	ran	rang	rong	ren	reng						ruan	run				

⭐ MP3 2-5

tāng	xiè	niú	suān
yǒu	wǒ	wéi	yuè
jīn	piáo	lǐ	zhāng.
ēn	yán	wēng	yuán
hěn	hǎo	qián	guān
juān	xué	jué	qù

⭐ MP3 2-6

píjiǔ	shāojiǔ	kāfēi	niúnǎi
píngguǒ	xiāngjiāo	cǎoméi	pútáo
xuéxiào	jiàoshì	cídiǎn	shūbāo
Hànyǔ	Hányǔ	Yīngyǔ	Rìyǔ
huār	xiǎoháir		

숫자 익히기

⭐ MP3 2-7

11	12	13	20	30	40
shíyī	shí'èr	shísān	èrshí	sānshí	sìshí
十一	十二	十三	二十	三十	四十

98	99
jiǔshíbā	jiǔshíjiǔ
九十八	九十九

 패턴 연습

인칭대명사

⭐ MP3 2-8

我 wǒ / 나		我们 wǒmen / 우리
你 nǐ / 너		你们 nǐmen / 너희들
他 tā / 그	+ 们 men	他们 tāmen / 그들
她 tā / 그녀		她们 tāmen / 그녀들
它 tā / 그것		它们 tāmen / 그것들

지시대명사

⭐ MP3 2-9

这 zhè / 이		这个 zhè ge / 이것		这儿 zhèr / 여기
那 nà / 저·그	+ 个 ge	那个 nà ge / 저것, 그것	+ 儿 er	那儿 nàr / 저기, 거기
哪 nǎ / 어느		哪个 nǎ ge / 어떤 것		哪儿 nǎr / 어디

MEMO

3과

중국어 기초 다지기 3

주의해야 할 중국어 발음

경성

경성이란 하나의 음절이 본래의 성조를 잃은 채 가볍고 짧게 발음 되는 것을 말합니다. 경성은 아무런 부호도 표시하지 않습니다.

가계도 외우며 경성 연습하기

⭐ MP3 3-1

yéye   할아버지

năinai   할머니

bàba   아빠

māma   엄마

wǒ   나

gēge   형/오빠

jiějie   누나/언니

dìdi   남동생

mèimei   여동생

3성의 성조변화

⭐ MP3 3-2

3성 뒤에 3성이 올 때는 앞 음절을 2성으로 하고, 뒤에 1성, 2성, 4성이 올 때는 앞 음절을 반3성으로 발음합니다.

lǎoshī （老师） huǒchē （火车）

měiguó （美国） fǎguó （法国）

nǐ hǎo ➜ ní hǎo （你好） dǎsǎo ➜ dásǎo （打扫）.

qǐngwèn （请问） hǎokàn （好看）

不와 一의 성조변화

⭐ MP3 3-3

不는 원래 성조가 4성이지만 4성 앞에서는 2성으로 발음합니다.

bù chī （不吃）

bù lái （不来）

bù hǎo （不好）

bú qù （不去）

一는 원래 1성이지만 4성 앞에서는 2성으로, 1성, 2성, 3성 앞
에서는 4성으로 발음합니다.

yì bēi （一杯）

yì nián （一年）

yì wǎn （一碗）

yí jiàn （一件）

儿화 현상

MP3 3-4

중국어에서는 혀를 말아서 'er화'를 시키는 경우가 있습니다.

* er은 성조가 없습니다.

* r 앞에 놓인 복운모의 i나 n, ng는 발음하지 않습니다.

huār gàir wánr dīngr xiǎoháir

격음부호

MP3 3-5

a, o, e로 시작하는 음절이 다른 음절 뒤에 올 때 음절 간의 경계를 분명히 하여 혼동이 되지 않도록 격음부호 '를 사용하여 구분해 줍니다.

Xī'ān Tiān'ānmén

체크

경성과 3성 성조변화에 주의하며 읽어 보세요.

⭐ MP3 3-6

xiūxi xǐhuan

péngyou tāmen

júzi mèimei

dìdi jiějie

hěnhǎo nǐhǎo

xiǎoháir diǎnr

두 번째 음절의 성조에 주의하며 不와 一를 읽어 보세요.

⭐ MP3 3-7

bumáng bukèqi buchī buhǎo duìbuqǐ.

yiqiè yibēi yinián yijiàn

숫자 익히기

⭐ MP3 3-8

100	101	102	103	104
yìbǎi	yìbǎi líng yī	yìbǎi líng èr	yìbǎi líng sān	yìbǎi líng sì
一百	一百零一	一百零二	一百零三	一百零四

* 가운데 0을 零으로 읽는 것에 주의.

110	111	112	113
yìbǎi yìshí	yìbǎi yìshíyī	yìbǎi yìshí'èr	yìbǎi yìshísān
一百一十	一百一十一	一百一十二	一百一十三

* 가운데 10을 一十으로 읽는 것에 주의.

120	567	1,000	10,000
yìbǎi èrshí	wǔbǎi liùshíqī	yìqiān	yíwàn
一百二十	五百六十七	一千	一万

패턴 연습

기본 문형 익히기

⭐ MP3 3-9

긍정문 ― 술어와 목적어 어순에 주의하세요.

我喜欢你。

Wǒ xǐhuan nǐ.

부정문 ― 술어 앞에 不 붙이기.

我不喜欢你。

Wǒ bù xǐhuan nǐ.

의문문 ― 문장 끝에 吗 붙이기.

你喜欢我吗?

Nǐ xǐhuan wǒ ma?

4과

你叫什么名字?

학습목표

간단한 인사하기

이름 묻기

국적 묻기

老师 lǎoshī	선생님
好 hǎo	좋다
你们 nǐmen	너희들
早上 zǎoshang	아침
他 tā	그
叫 jiào	부르다
什么 shénme	무엇
名字 míngzi	이름
梁朝伟 Liáng Cháowěi	량차오웨이(사람 이름)
章子怡 Zhāng Zǐyí	장쯔이(사람 이름)
张晨 Zhāng Chén	장천(사람 이름)
你 nǐ	너
是 shì	~이다
韩国 Hánguó	한국
韩国人 Hánguórén	한국인
吗 ma	문장 끝에 사용하여 의문문을 나타냄
不 bù	동사, 형용사와 다른 부사의 앞에 쓰여 부정을 표시함
我 wǒ	나
哪 nǎ	어느
也 yě	…도 또한

⭐ MP3 4-6(회화 전체 녹음)

교실에서

⭐ MP3 4-1

老师好！

Lǎoshī hǎo!

你们好！

Nǐmen hǎo!

아침에

⭐ MP3 4-2

早上好！

Zǎoshang hǎo!

早！

Zǎo!

이름 묻기 1

⭐ MP3 4-3

我叫梁朝伟。你叫什么名字？

Wǒ jiào Liáng Cháowěi. nǐ jiào shénme míngzi?

我叫章子怡。

Wǒ jiào Zhāng Zǐyí.

이름 묻기 2

⭐ MP3 4-4

他叫什么名字？

Tā jiào shénme míngzi?

他姓张，叫张晨。

Tā xìng Zhāng, jiào Zhāng Chén.

국적 묻기

⭐ MP3 4-5

你是韩国人吗？

Nǐ shì Hánguórén ma?

不，我是中国人。

Bù, wǒ shì Zhōngguórén.

你呢？

Nǐ ne?

我是韩国人。

Wǒ shì Hánguórén.

你是哪国人？

Nǐ shì nǎguórén?

我也是韩国人。

Wǒ yě shì Hánguórén.

패턴 연습

① (대상) 好!

你, 您, 你们, (朴)老师, 大家

② (시간) 好!

早上, 晚上

Tip! 晚安 wǎnān은 자기 전에 하는 인사로 '잘자'라는 의미가 있습니다.

③ (대상) 叫 (이름)

她	玛丽
他	杰克
你	什么名字

④ (대상) 姓 (성)

我	李
他	张
她	金
老师	朴
你	什么

⑤ (대상) 是 (국적+사람)

他	中国人
她	韩国人
我们	美国人
你	哪国人

MISSION

· 吗 넣어서 의문문 만들기.

예) 他是中国人吗?

· 不 넣어서 부정문 만들기.

예) 他不是中国人。

⭐ MP3 4-7

四是四,

sì shì sì.

十是十,

shí shì shí.

十四是十四,

shí sì shì shí sì.

四十是四十。

sì shí shì sì shí.

十四是十四不是四十。

shí sì shì shí sì bú shì sì shí.

四十是四十不是十四。

sì shí shì sì shí bú shì shí sì.

다음 한국어 해석을 보고 중국어로 통역하세요.

교실에서

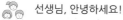 선생님, 안녕하세요!

여러분, 안녕!

아침에

좋은 아침!

좋은 아침!

이름 묻기 1

나는 량차오웨이라고 해. 너는 이름이 뭐니?

나는 장쯔이야.

이름 묻기 2

그는 이름이 뭐니?

그는 장 씨고, 장천이라고 해.

국적 묻기

너는 한국인이니?

아니, 나는 중국인이야.

너는?

나는 한국인이야.

너는 어느 나라사람이니?

나도 한국인이야.

 주제별 어휘

다음 한어병음을 보고 사전에서 한자와 뜻을 찾아서 써 보세요.

Yīngguó	Fǎguó	Déguó
英国	法国	
영국	프랑스	
Hánguó	Zhōngguó	Měiguó
Yìdàlì	Yìndù	Rìběn
Éluósī	Jiānádà	Bāxī
Xīnxīlán	Xīlà	

5과

他是谁？

학습목표

직업 묻기

타인에 대해 묻거나 소개하기

나이 묻기

都 dōu	모두
学生 xuésheng	학생
的 de	~의(관형어의 뒤에 붙음)
老师 lǎoshī	선생님
谁 shéi	누구
朋友 péngyou	친구
这 zhè	이, 이것
哥哥 gēge	형, 오빠
多大 duōdà	얼마인가
今年 jīnnián	올해
二十四 èrshísì	이십사(24)
岁 suì	~살(나이 단위)
很 hěn	매우
帅 shuài	잘생긴
了 le	문장의 말미 또는 문장 중의 끊어
	지는 곳에 쓰여서 변화 또는 새로
	운 상황의 출현을 표시함

⭐ MP3 5-5(회화 전체 녹음)

국적 묻기

⭐ MP3 5-1

你是哪国人?

Nǐ shì nǎguórén?

我是韩国人。

Wǒ shì Hánguórén.

他也是韩国人吗?

Tā yě shì Hánguórén ma?

他也是韩国人。我们都是韩国人。

Tā yě shì Hánguórén. Wǒmen dōu shì Hánguórén.

신분 묻기

⭐ MP3 5-2

你是学生吗?

Nǐ shì xuésheng ma?

是，我是学生。

Shì, wǒ shì xuésheng.

63

你也是学生吗？

Nǐ yě shì xuésheng ma?

不是，我是你的老师。

Bú shì, wǒ shì nǐ de lǎoshī.

다른 사람 이름 묻기

⭐ MP3 5-3

早上好!

Zǎoshang hǎo!

早! 他是谁?

Zǎo! Tā shì shéi?

他是我的朋友。

Tā shì wǒ de péngyou.

他叫什么名字?

Tā jiào shénme míngzi?

他叫张晨。

Tā jiào Zhāng Chén.

나이 묻기

⭐ MP3 5-4

这是谁?

Zhè shì shéi?

这是我哥哥。

Zhè shì wǒ gēge.

他多大(了)?

Tā duōdà le?

今年二十四岁。

Jīnnián èrshísì suì.

他很帅。

Tā hěn shuài.

① (대상) **也是** (신분/국적)

我	学生
他	老师
她	韩国人
你	中国人

② **我们都是** (신분)

公司职员	司机	厨师	医生
护士	律师	记者	设计师
工程师	秘书	学生	老师
家庭主妇	音乐家	作家	画家

> **Tip!** '也'와 '都'는 주어 뒤에 놓으며 각각 '~도'와 '모두'를 의미합니다.

③ (대상) **是谁?**

这，那，你，他，她

④ **他** (나이 묻기) ?

几岁，多大，多大年纪

> **Tip!** 일반적으로 나이가 어린 사람에게는 几岁, 동년배에게는 多大, 나이가 많은 분에게는 多大年纪를 씁니다.

⑤ **我今年** (수) **岁。**

九，十八，二十一，三十

66

一个大，一个小，一头黄牛一只猫。

Yí ge dà, yí ge xiǎo yì tóu huángniú yìzhīmāo.

一边多，一边少，一群鸭子一只鸟。

Yì biān duō, yì biān shǎo, yì qún yāzi yì zhī niǎo.

一个大，一个小，一个苹果一颗枣。

Yí ge dà, yí ge xiǎo, yí ge píngguǒ yì kē zǎo.

一边多，一边少，一堆杏子一个桃。

Yì biān duō, yì biān shǎo, yì duī xìngzi yígetáo.

국적 묻기

너는 어느 나라 사람이니?

나는 한국인이야.

그도 한국인이니?

그도 한국인이야. 우리는 모두 한국인이야.

신분 묻기

당신은 학생인가요?

네, 저는 학생입니다.

당신도 학생인가요?

아니요. 저는 당신 선생입니다.

다른 사람 이름 묻기

좋은 아침!

좋은 아침! 저 사람은 누구니?

저 사람은 내 친구야.

이름이 뭔데?

저 사람은 장천이라고 해.

나이 묻기

이 사람은 누구니?

이 사람은 우리 오빠야.

몇 살이야?

올해 24살이야.

잘생겼다.

다음 한자를 보고 사전에서 한어병음과 뜻을 찾아서 써 보세요.

公司职员	司机	厨师	医生
Gōngsī zhíyuán	sī jī		
회사원	기사, 운전사		
护士	律师	记者	设计师
工程师	秘书	歌手	演员
学生	老师	家庭主妇	音乐家
作家	画家		

MEMO

你去哪儿?

학습목표

소속 묻기

위치 묻기

청유형 익히기

 단어

做 zuò	~하다
工作 gōngzuò	일하다
个 gè	개(양사)
系 xì	학과
中文系 Zhōngwénxì	중문과
现在 xiànzài	현재
在 zài	~에서
图书馆 túshūguǎn	도서관
干什么 gànshénme	무엇을 하는가?
打工 dǎgōng	일하다
去 qù	가다
呢 ne	의문문의 끝에 써서 의문의 어기를 나타냄
一起 yìqǐ	같이
吧 ba	문장 끝에 쓰여 제의, 명령, 독촉의 어기를 나타냄
女朋友 nǚpéng·you	여자 친구
那 nà	저것
走 zǒu	걷다

⭐ MP3 6-5(회화 전체 녹음)

직업 묻기

⭐ MP3 6-1

他做什么工作？

Tā zuò shénme gōngzuò?

他是学生。

Tā shì xuésheng.

他是哪个系的?

Tā shì nǎ ge xì de?

他是中文系.

Tā shì Zhōngwén xì.

위치 묻기

⭐ MP3 6-2

现在他在哪儿？

Xiànzài tā zài nǎr?

他在图书馆。

Tā zài túshūguǎn.

他在图书馆干什么？

Tā zài túshūguǎn gàn shénme?

他在图书馆打工。

Tā zài túshūguǎn dǎgōng.

행선지 묻기

MP3 6-3

你去哪儿?

Nǐ qù nǎr?

我去图书馆。你呢?

Wǒ qù túshūguǎn. nǐ ne?

我们一起去吧。

Wǒmen yìqǐ qù ba.

인적사항 묻기

MP3 6-4

她是谁?

Tā shì shéi?

她是他的女朋友。

Tā shì tā de nǚpéngyou.

① 他在（장소）。

　　图书馆，食堂，教室，网吧，哪儿

② 他是（학과/학부이름）系/学部。

　　国文（系）　英文（系）　历史学（系）　哲学（系）　经营（学部）

③ 我们一起（행위）吧

　　去，学习，吃饭，喝酒，喝咖啡，看电影

　　Tip 吧는 1. 청유(~하자) 2. 확인(~이/가 맞지?)의 의미로 쓰입니다.

④ 他在（장소）（행위）

　　　　图书馆　学习

　　　　食堂　吃饭

　　　　教室　学汉语

　　　　网吧　玩儿

⭐ MP3 6-6

吃葡萄不吐葡萄皮儿,

Chī pútao bù tǔ pútao pír,

不吃葡萄倒吐葡萄皮儿。

Bù chī pútao dào tǔ pútao pír.

직업 묻기

그는 무슨 일을 하니?

그는 학생이야.

무슨 과야?

중문과야.

위치 묻기

지금 그는 어디에 있니?

도서관에 있어.

도서관에서 뭐해?

도서관에서 아르바이트를 해.

행선지 묻기

너 어디가?

도서관에 가. 너는?

우리 같이 가자.

인적사항 묻기

그녀는 누구야?

그녀는 그의 여자 친구야.

다음 한자를 보고 사전에서 한어병음과 뜻을 찾아서 써 보세요.

学校	药店	医院	食堂
xuéxiào	yàodiàn		
학교	약국		

图书馆	宿舍	电影院	书店

银行	百货商店	便利店	网吧

干洗店	小吃店	火车站	长途汽车站

咖啡厅	超市

现在几点?

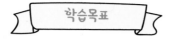

학습목표

시간 관련 표현 배우기

일정 물어보기

생일축하 표현 익히기

 단어

几 jǐ	몇
点 diǎn	시
半 bàn	2분의 1
喝 hē	마시다
酒 jiǔ	술
明天 míngtiān	내일
上午 shàngwǔ	오전
没有 méiyǒu	없다
课 kè	수업
后天 hòutiān	모레
月 yuè	달, 월
号 hào	일
生日 shēngrì	생일
祝 zhù	축하하다
快乐 kuàilè	즐겁다
干杯 gānbēi	건배하다
随意 suíyì	뜻대로 하다
星期 xīngqī	주, 요일
从 cóng	~로부터
到 dào	~까지

刻 kè	15분
该 gāi	~해야 한다
回 huí	돌아오다
宿舍 sùshè	기숙사
关 guān	닫다
门 mén	문

⭐ MP3 7-5(회화 전체 녹음)

시간 묻기

⭐ MP3 7-1

🙂 现在几点?

Xiànzài jǐ diǎn?

🙂 八点半。

Bā diǎn bàn.

🙂 我们一起喝酒吧。

Wǒmen yìqǐ hē jiǔ ba.

🙂 好，明天上午我没有课。

Hǎo. Míngtiān shàngwǔ wǒ méiyǒu kè.

날짜 묻기

⭐ MP3 7-2

🙂 后天是几月几号?

Hòutiān shì jǐ yuè jǐ hào?

🙂 11月22号。

Shíyī yuè èrshíèr hào.

90

后天是我的生日。

Hòutiān shì wǒ de shēngrì.

祝你生日快乐！干杯。

Zhù nǐ shēngrì kuàilè! Gānbēi.

你干了，我随意。

Nǐ gān le, wǒ suíyì.

일정 묻기

⭐ MP3 7-3

明天你有课吗？

Míngtiān nǐ yǒu kè ma?

明天星期几？

Míngtiān xīngqī jǐ?

星期四。

Xīngqīsì.

我没有课。但是，星期五从十点到四点都有课。

Wǒ méiyǒu kè. Dànshì, xīngqīwǔ cóng shí diǎn

dào sì diǎn dōu yǒu kè.

91

상황 묻기

⭐ MP3 7-4

现在几点?

Xiànzài jǐ diǎn?

十一点一刻。

Shíyī diǎn yí kè.

该回去了。

Gāi huíqù le.

宿舍几点关门?

Sùshè jǐ diǎn guānmén?

宿舍十二点关门。

Sùshè shí'èr diǎn guānmén.

① 我有 (대상)

哥哥，妹妹，课，时间

② 祝你 (바라는 일)

生日快乐，一路顺风，身体健康，早日康复

③ 从 (시간/장소) 到 (시간/장소)

两点一刻	三点半
两点十五分	三点三十分
学校	家
宿舍	教室

④-1 该 (행위/대상) 了

走，回去，起床，你，上课，下课

Tip! 该~了는 '무엇을 할 때가 되었다' 또는 '누구의 차례가 되었다'
라는 의미입니다.

④-2 你几点 (행위) ？

上课，下课，吃饭，起床，睡觉，出发

 낭독하기

 MP3 7-6

중국영화 역대 흥행 탑 5

美人鱼
Měirényú
미인어 (2017)

捉妖记
Zhuōyāojì
몬스터 헌트 (2015)

速度与激情 7
Sùdù yǔ jīqíng
분노의 질주 7 (2015)

变形金刚 4
Biànxíng jīngāng
트랜스포머: 사라진 시대
(2014)

寻龙诀
Xúnlóngjué
심용결 (2015)

시간 묻기

지금 몇 시야?

8시 반.

우리 같이 술 마시자.

좋아. 내일 나 오전 수업 없어.

날짜 묻기

모레가 몇 월 며칠이지?

11월 22일.

모레는 나의 생일이야.

생일 축하해! 건배.

너는 원 샷. 나는 마실 만큼만.

일정 묻기

내일 너 수업 있어?

내일 무슨 요일이지?

목요일.

나는 수업 없어. 그런데 금요일 10시부터 4시까지 수업 꽉 찼어.

상황 묻기

지금 몇 시야?

11시 15분.

돌아가야겠다.

기숙사 몇 시에 문을 닫지?

기숙사 12시에 문 닫아.

주제별 어휘

2019年

1月, 2月 … 12月

1号, 2号 … 31号

星期一 … 星期六 + 星期天(星期日)

1点, 2点 … 12点

Tip! 2시는 二点(èr diǎn)이 아니라 **两点**(liǎng diǎn)이라 말합니다.

1分, 2分 … 59分

一刻, 半

前年, 去年, 今年, 明年, 后年

前天, 昨天, 今天, 明天, 后天

上个月, 这个月, 下个月

上个星期，这个星期，下个星期

Tip! 시간을 묻는 표현은 의문사 几를 통해 물어보면 됩니다.

MEMO

8과

请问，208号在哪儿？

길 찾기 관련 표현

방위사 익히기

존현문

 **단어**

请问 qǐngwèn	잠깐 여쭙겠습니다
正义馆 zhèngyìguǎn	정의관
不用 búyòng	필요없다
层 céng	층
往 wǎng	~쪽으로
左 zuǒ	왼쪽
拐 guǎi	방향을 바꾸다
办公室 bàngōngshì	사무실
知道 zhīdào	알다
学部 xuébù	학부
旁边 pángbiān	옆
怎么办 zěnmebàn	어떻게 해야 하나
楼 lóu	층
里 lǐ	안
食堂 shítáng	식당
饿 è	배고프다
怎么 zěnme	왜
走 zǒu	걷다
前边 qiánbiān	앞쪽
红色 hóngsè	빨강

大楼 dàlóu	빌딩
就 jiù	곧
一楼 yīlóu	1층
便利店 biànlìdiàn	편의점
快 kuài	빠르다
点儿 diǎnr	조금, 약간

⭐ MP3 8-5(회화 전체 녹음)

건물 위치 묻기

⭐ MP3 8-1

请问，正义馆在哪儿？

Qǐngwèn, zhèngyìguǎn zài nǎr?

在那儿。

Zài nàr.

谢谢。

Xièxie.

不用谢。

Búyòng xiè.

사무실 위치 묻기 1

⭐ MP3 8-2

请问，208号在哪儿？

Qǐngwèn, èr líng bā hào zài nǎr?

到二楼往左拐。

Dào èr lóu wǎng zuǒ guǎi.

谢谢你!

Xièxie nǐ!

不谢。

Búxiè.

사무실 위치 묻기 2

⭐ MP3 8-3

请问，朴老师的办公室在哪儿？

Qǐngwèn, Piáo lǎoshī de bàngōngshì zài nǎr?

你知道学部办公室吗？

Nǐ zhīdào xuébù bàngōngshì ma?

我知道。

Wǒ zhīdào.

在学部办公室旁边。

Zài xuébù bàngōngshì pángbiān.

(노크를 한다)

怎么办？老师不在。

Zěnmebàn? Lǎoshī búzài.

시설에 대해 묻기

MP3 8-4

这个楼里有食堂吗？

Zhè ge lóuli yǒu shítáng ma?

没有。

Méiyǒu.

我很饿。食堂怎么走？

Wǒ hěn è. Shítáng zěnme zǒu?

前边那个红色的大楼里就有。一楼有食堂，也有便利店。

Qiánbian nà ge hóngsè de dàlóuli jiù yǒu. Yìlóu

yǒu shítáng, yě yǒu biànlìdiàn.

快点儿去吧。

Kuài diǎnr qù ba.

① （사물） 在 （위치）

　　手机　　桌子上

　　　书　　椅子下边

　　　她　　沙发前边

　　书包　　电脑旁边

② 往 （방향） （동작）

　　　　左　　　拐

　　　　右　　　拐

　　　　前　　　走

③ 这里有 （편의시설） 吗?

　　食堂，咖啡厅，邮局，银行，书店

④ （장소） 怎么走?

　　火车站，汽车站，图书馆

⑤ 快点儿 （동작） 吧。

　　走，去，吃，喝

Tip! 走는 여기서 이동하는 것에 초점을 둔다면, 去는 어디로 이동하는지에 초점을 둡니다.

东西南北

dōng xī nán běi

早晨起来,

Zǎochén qǐlái,

面向太阳。

miànxiàng tàiyáng.

前面是东,

Qiánmiàn shì dōng,

后面是西,

hòumiàn shì xī,

左面是北,

zuǒmiàn shì běi,

右面是南。

hòumiàn shì nán.

건물 위치 묻기

말씀 좀 묻겠습니다. 정의관이 어디죠?

저기입니다.

감사합니다.

별말씀을요.

사무실 위치 묻기 1

말씀 좀 묻겠습니다. 208호가 어디죠?

2층에서 왼쪽으로 돌아가세요.

감사합니다.

아닙니다.

사무실 위치 묻기 2

말씀 좀 묻겠습니다. 박 선생님 연구실이 어디죠?

학부 사무실 아세요?

알아요.

학부 사무실 옆입니다.

(노크를 한다)

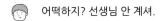 어떡하지? 선생님 안 계셔.

시설에 대해 묻기

이 건물에 식당이 있니?

없어.

나 배고픈데 식당 어떻게 가니?

앞에 저 빨간 건물 안에 있어. 1층에 식당도 있고, 편의점
도 있어.

빨리 가자.

 주제별 어휘

前	后	左	右	旁
qián	hòu	zuǒ	yòu	páng

上	下	里	外
shàng	xià	lǐ	wài

东	西	南	北
dōng	xī	nán	běi

+

边	面
biān	miàn

9과

多少钱?

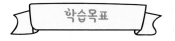

학습목표

구매 관련 표현 익히기

의지·바람 등을 나타내는 조동사

동사 중첩

 단어

请客 qǐngkè	한턱내다
真的 zhēnde	정말로
想 xiǎng	생각하다, 바라다
巧克力 qiǎokèlì	초콜릿
可乐 kělè	콜라
要 yào	필요하다
哪个 nǎge	어느
这个 zhège	이것
不行 bùxíng	안 된다
贵 guì	비싸다
那边 nàbiān	그곳
给 gěi	~에게
多少 duōshao	얼마
钱 qián	돈
买一送一 mǎiyīsòngyī	하나를 사면 하나를 더 준다
块 kuài	화폐 단위
找 zhǎo	찾다
炒年糕 chǎoniángāo	떡볶이
紫菜包饭 zǐcàibāofàn	김밥
尝 cháng	맛보다

118

来 lái	오다
盘 pán	접시(양사)
还 hái	아직
别的 biéde	다른 것
这儿 zhèr	여기
可以 kěyǐ	~할 수 있다
刷卡 shuākǎ	카드를 긁다
只 zhī	단지
收 shōu	거두어들이다
现金 xiànjīn	현금

⭐ MP3 9-5(회화 전체 녹음)

편의점에서 1

⭐ MP3 9-1

今天我请客。

Jīntiān wǒ qǐngkè.

真的吗?

Zhēn de ma?

你想吃什么?

Nǐ xiǎng chī shénme?

我想吃巧克力。你呢?

Wǒ xiǎng chī qiǎokèlì. nǐ ne?

我想喝可乐。

Wǒ xiǎng hē kělè.

편의점에서 2

⭐ MP3 9-2

你要哪个?

Nǐ yào nǎ ge?

我要这个。

Wǒ yào zhè ge.

不行，这个很贵。

Bùxíng, zhè ge hěn guì.

那边，那个呢？

Nà biān, nà ge ne?

好，给我吧。

Hǎo, gěi wǒ ba.

편의점에서 3

多少钱？

Duōshao qián

这个巧克力，买一送一。

Zhè ge qiǎokèlì, mǎiyīsòngyī.

给您三十块。

Gěi nín sānshí kuài.

找您八块。

Zhǎo nín bā kuài.

식당에서

那是什么？

Nà shì shénme?

这是炒年糕，那是紫菜包饭。你尝尝。

Zhè shì chǎoniángāo, nà shì zǐcàibāofàn. nǐ chángchang.

那我们就点这个吧。

Nà wǒmen jiù diǎn zhège ba.

来一盘炒年糕和一个紫菜包饭。

Lái yì pán chǎoniāngāo hé yí ge zǐcàibāofàn.

还要别的吗？

Hái yào bié de ma?

不要了，谢谢。

Bú yào le, xièxie.

(계산대)

这儿可以刷卡吗？

Zhèr kěyǐ shuākǎ ma?

我们只收现金。

Wǒmen zhǐ shōu xiànjīn.

최근 중국에서는 거지도 구걸을 위챗과 알리페이로 한다는 말이 있습니다. 위챗은 중국어로 '微信'(wēixìn)이고, 알리페이는 '支付宝'(zhīfùbǎo)라고 합니다. 만약 微信还是支付宝? (Wēixìn háishì zhīfùbǎo?)라고 물으면 어느 것으로 결제할지 대답하면 됩니다. 그럼 상대방이 扫一下这里。(Sǎo yíxià zhèli. / 여기에 스캔을 해주세요)라며 직접 스캔을 요구하거나, 我扫你。(Wǒ sǎo nǐ. /제가 스캔을 하겠습니다)라며 종업원이 스캔을 할 수 있게 핸드폰을 제시하도록 할 거예요. 현금으로 계산을 하려면 그냥 我给现金, 可以吗? (wǒ gěi xiànjīn, kěyǐ ma?)라고 하면 됩니다.

패턴 연습

① 我想 (행위)

吃饭，喝咖啡，喝酒，看电影，去中国，学日语，回家，回宿舍

MISSION

* 要로도 연습하기

예) 我要吃饭。

* 부정문 연습하기

예) 我不想吃饭。

Tip! 想과 要는 조동사로 동사 앞에 놓이며 각각 '바람(~하고 싶다)'와
'의지(~할 거야)'를 의미합니다.

② 我要 (대상)

这个，那个，两个，可乐，雪碧，芬达

Tip! 要의 바로 뒤에 동사가 없다면 要는 조동사가 아니라 동사로 쓰인 것
이며 '~을 원하다'라는 뜻입니다.

③ 给您 (액수)

两块，两块五(毛)，两块五毛八(分)

二十(块)，二十六(块)， 一百(块)，三百．

④ 你 (동사 중첩)。

尝尝，看看，听听，试试，闻闻

Tip! 동사를 중첩하면 '가볍게 시도해보다'라는 의미를 갖습니다.

⭐ MP3 9-6

《一头牛, 两匹马》- 王晨湖

一头牛，两匹马，
Yì tóu niú, liǎng pǐ mǎ.

三条鱼，四只鸭，
sān tiáo yú, sì zhī yā.

五本书，六支笔，
wǔ běn shū, liù zhī bǐ.

七棵果树，八朵花。
qī kē guǒshù, bā duǒ huā.

使用词语要恰当，
Shǐyòng cíyǔ yào qiàdàng.

搭配不好出笑话。
dāpèi bù hǎo chū xiàohuà.

편의점에서 1

오늘 내가 쏠게.

정말?

너 뭐 먹고 싶어?

나는 초콜릿. 너는?

나는 콜라가 마시고 싶어.

편의점에서 2

넌 어떤 걸로 할래?

나는 이걸로 할게.

안 돼, 이거 너무 비싸.

저쪽, 저거는?

좋아, 나한테 줘 봐.

편의점에서 3

얼마에요?

이 초콜릿은 '1+1' 상품입니다.

30위앤 드릴게요.

8위앤 거슬러 드리겠습니다.

식당에서

저건 뭐야?

이건 떡볶이, 저건 김밥. 한 번 먹어 봐.

그럼 우리 이거 시켜 보자.

떡볶이 한 그릇하고 김밥 한 줄 주세요.

다른 거 더 필요한 거 있으세요?

됐습니다, 감사합니다.

(계산대)

여기 카드 되나요?

저희는 현금만 받습니다.

다음 한자를 보고 사전에서 한어병음과 뜻을 찾아서 써 보세요.

羊肉串	饺子	豆浆	牛肉面
yángròuchuàn	jiǎozi		
양꼬치	(교자)만두		
炸酱面	汉堡包	薯条	三明治
土司	冰淇淋	寿司	拌饭
泡菜	年糕汤	鸡排	

10과

今天晚上您有时间吗？

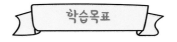

전화 관련 표현

모임에 초대하기

상황변화를 나타내는 조사 了

喂 wèi	여보세요
范冰冰 Fàn Bīngbīng	판빙빙(사람 이름)
电话 diànhuà	전화
号码 hàomǎ	번호
怎么了 zěnmele	왜 그래? 어떻게 된 거야?
事 shì	일
问 wèn	묻다
聚会 jùhuì	모임
能 néng	~할 수 있다
一会儿 yíhuìr	잠시, 곧
感冒 gǎnmào	감기
洗手间 xǐshǒujiān	화장실
听说 tīngshuō	듣자 하니

MP3 10-5(회화 전체 녹음)

전화하기 1

MP3 10-1

喂，金老师在吗?

Wéi, Jīn lǎoshī zài ma?

我就是。

Wǒ jiù shì

老师，我是范冰冰。

Lǎoshī, wǒ shì Fàn Bīngbīng.

您知道朴老师的电话号码吗?

Nín zhīdào Piáo lǎoshī de diànhuà hàomǎ ma?

我知道，怎么了?

Wǒ zhīdào, zěnmele?

我有事想问问朴老师。

Wǒ yǒu shì xiǎng wènwen Piáo lǎoshī.

他的电话是760-2718。

Tā de diànhuà shì qī liù líng èr qī yāo bā.

谢谢。

Xièxie.

135

전화하기 2

请问，朴老师在吗？

Qǐngwèn, Piáo lǎoshī zài ma?

我就是。

Wǒ jiù shì.

老师，我是范冰冰。

Lǎoshī, wǒ shì Fàn Bīngbīng.

今天晚上您有时间吗？

Jīntiān wǎnshang nín yǒu shíjiān ma?

有，什么事？

Yǒu, shénme shì?

초대하기

⭐ MP3 10-3

今天晚上有学部聚会，您能来吗？

Jīntiān wǎnshang yǒu xuébù jùhuì, nín néng lái

ma?

可以。几点？在哪儿？

Kěyǐ. jǐdiǎn? zài nǎr?

晚上六点在正义馆一楼。

Wǎnshang liù diǎn zài zhèngyìguǎn yì lóu.

好，一会儿见。

Hǎo, yíhuìr jiàn.

회식자리에서

MP3 10-4

你们好！

Nǐmen hǎo!

老师好！

Lǎoshī hǎo!

小金呢？

Xiǎo Jīn ne?

她今天不能来了。

Tā jīntiān bù néng lái le.

她怎么了？

Tā zěnme le?

她感冒了。

Tā gǎnmào le.

是吗？小李呢？他也不能来吗？

Shì ma? Xiǎo Lǐ ne? Tā yě bù néng lái ma?

他去洗手间了。

Tā qù xǐshǒujiān le.

小陈呢？

Xiǎo Chén ne?

听说，他有事，回宿舍了。

Tīngshuō, tā yǒu shì, huí sùshè le.

好吧，我知道了。

Hǎo ba, wǒ zhīdào le.

① 喂，（대상）在吗？

金老师，朴老师，陈先生，张小姐

② （시간）您有时间吗？

今天晚上，明天早上，周末，下星期五

③ 不（동작）了。

能来，吃，去，看

④ 他去（장소）了。

洗手间，体育中心，图书馆，中国

Tip! 문장 끝에 쓰인 了는 '상황의 변화'를 나타내고 '현재'와 관련 있음을 강조합니다. 不吃는 "안 먹어."이고, 不吃了는 "(이제) 안 먹을래."정도로 그만 먹겠다는 뜻으로 해석할 수 있습니다.

MP3 10-6

《静夜思》- 李白

床前明月光,

Chuáng qián míng yuè guāng,

疑是地上霜。

yí shì dì shàng shuāng.

举头望明月,

Jǔ tóu wàng míng yuè,

低头思故乡。

dī tóu sī gù xiāng.

전화하기 1

여보세요, 김 선생님 계신가요?

전데요.

선생님, 저 판빙빙이에요.

박 선생님 전화번호 아세요?

아는데, 왜 그러니?

일이 있어서 박 선생님께 물어보려고요.

선생님 전화는 760 – 2718이야.

감사합니다.

전화하기 2

말씀 좀 묻겠습니다. 박 선생님 계신가요?

바로 저입니다.

선생님, 저 판빙빙이에요.

오늘 저녁에 시간 있으세요?

있는데 무슨 일이니?

초대하기

오늘 저녁에 학부모임이 있는데 오실 수 있어요?

그래, 몇 시 어디니?

저녁 6시에 정의관 1층이요.

그래, 잠시 후에 보자.

회식자리에서

얘들아 안녕!

선생님 안녕하세요!

샤오찐은?

오늘 못 오게 됐어요.

어떻게 된 거지?

감기 걸렸어요.

그래? 샤오리는? 걔도 못 오니?

걔는 화장실 갔어요.

샤오천은?

듣기로는 걔 일이 생겨서 기숙사로 돌아갔다고 해요.

그래, 알았어.

 주제별 어휘

다음 한자를 보고 사전에서 한어병음과 뜻을 찾아서 써 보세요.

青岛啤酒	扎啤	烧酒	白酒
qīngdǎopíjiǔ	zhāpí		
청도맥주	생맥주		
红酒	咖啡	美式咖啡	摩卡咖啡
拿铁咖啡	速溶咖啡	牛奶	橙汁
可乐	雪碧	芬达	

143

저자 약력

박응석
연세대 글로벌엘리트학부 조교수
한국중국어교육학회 연구윤리위원
이중언어학회 편집위원
팟캐스트 〈오디오 캠퍼스: 문사철 수다〉 공동 진행자

수상
2017 연세대 콜로키아우수강의교수
2018 연세대 우수업적교수(교육부문)

저 · 역서
인지언어학자의 한자문화산책 (박영사)
스마트 스피킹 중국어 1-2 (동양북스/공역)

관심분야
인지언어학, 번역학, 중국어교육, 텍스트 분석

응쌤 중국어 -慢慢汉语-

초판발행	2019년 3월 8일
지은이	박응석
펴낸이	안종만 · 안상준
편 집	박송이
기획/마케팅	송병민
표지디자인	김연서
제 작	우인도 · 고철민
펴낸곳	(주) **박영사**
	서울특별시 종로구 새문안로 3길 36, 1601
	등록 1959. 3. 11. 제300-1959-1호
전 화	02)733-6771
f a x	02)736-4818
e-mail	pys@pybook.co.kr
homepage	www.pybook.co.kr
ISBN	979-11-303-0687-2 03720

정 가   12,000원